Antonio Archangelo

ÁPEIRON (Poemas Nonsense)

Antonio Archangelo

ÁPEIRON (Poemas Nonsense)

O sentido das Palavras

JustFiction Edition

Imprint

Cover image: www.ingimage.com

Publisher:
JustFiction! Edition
is a trademark of
International Book Market Service Ltd., member of OmniScriptum Publishing Group
17 Meldrum Street, Beau Bassin 71504, Mauritius
Printed at: see last page
ISBN: 978-620-3-57481-4

Antonio Archangelo

Ápeiron

2ª edição
Rio Claro
2019

....se não há letras, não há palavras. Sem elas, viveremos num mundo bidimensional!

.

Durante anos, como tanta gente, mantive um blog e, como tanta gente, acabei por abandoná-lo. Ao lado de anotações pessoais, registrava nele, com frequência irregular, fatos que me interessassem. Uma seleção desses registros foi publicada pela Editora Buriti, sob o título: Ápeiron. Reunindo-os neste outro livro, revisei aqueles poemas e retirei alguns que estavam encaixados em uma outra obra.

A. A.

Nubígeno

Nubígeno que vem das nuvens,
estrigar macio e sedoso;
Da aritmomancia que adivinha o número,
através da oomancia!

Ponxirão de mutirão,
urente queima.
Produzindo ardor, sandeu;

Tolo, estúpido, idiota;
um verdadeiro treboçu!

Quando desanima-se apela ao zumbaieiro;
Onicofagia que rói teus próprios sonhos!

*Comece esta aventura com um pai dos burros ao seu lado e não fique com preguiça de avançar!

Ni

Ni.

Ninguém.

Nilton.

Nigeriano.

Nintendo.

Nitroglicerina.

Ninguém.

Ni.

Nivro?

Nice?

Nitroglicerina!

**Que comece a brincadeira semântica!*

Cura

Hagioterapia é sua cura,
o termântico do volar;
É o seu tranar!

Do pselismo gago de vodunsi,
e se te tramposeio
é porque sou um hagiômaco

Tamiseio até madefaciar.

*a inconstância de nossos atos justifica nosso caráter?

Sina

Dendroclasta nativo,
retambana sútil.

Sente a ausência da filáucia,
soltando a habena,
na manumissão que sucede a quérquere?

Ventor mestre em halurgia
levará-te a tambo.
Medicai vós com o litagogo

Selando a tua sina.

**E a busca para remédios as feridas da alma ditam seus passos nesta orbe?*

Chacota

Chacota na costa do Sergipe,
nicotina dos pesares,
solidão incomparável!

Ao último bretão,
seguindo teu lenço
sucumbiu na torre hostil

Incomparável,
a tua quimera,
chagas sinceras.

De lágrimas, lacrimejantes,
de risos, resilantes,
Do eco no mórbido túnel...

Desdém (Outra)

Ó, desdém!
- A ninguém?

Ó, desdém!
- A alguém?

Miras tua mirra,
gíria que gira,
Entorno do vazio,
de teu umbigo!

Brancos no Novo Mundo

Lá se vai,
o espumante Brut,
escorrendo pelo branco queixo...

A elegância empambada,
que se revela nos prantos,
dos açúcares, provieram.

Terrines e vinhos,
sugaram-lhe as falésias d'alma,
E lá se foi todo o verão!

De uma vida truz, liberta.
Bíbulos penhores,
ergasiotiquerologia albina.

Les Gobelin

Desvanece Les Gobelin,
junto a planta que nunca nasce,
com o gosto da morte,
ao paladar do bebum!

Ela desdém de tudo,
ignora a todos,
trazendo as promessas,
que nunca se cumprirão...

Enquanto isso,
dilacerava Jean e Philibert...

Gipsófila

A gipsófila consiste na heterogenia
dos incomensuráveis Jaminauás!
Tantas ninfomanias omoplatas...

Sesquipedalofobia de tato tectônico,
usufrutuário da vigaronidade
Já que a xenofobia vive da zaragata...

Hirto

A arte de fingir, palavras ou sons;
Simples truques.
Deixou-o hirto

Como se o genuflexório,
jenipapo núcio,
ignorasse o ósculo dos ourives.

Pela preterida quimera,
desta soturna pantera.

Composta pela tríade vexatória
concebida pelo xamã zibawe!

Monólogo

Passo a passar no mesmo lugar,
no ponto inicial,
déjà-vu...

Obrigo-me a caminhar,
fingindo a arte de interpretar!

Não dizes o que podes,
Mas dizes o que gosta de ouvir!

Há quem interessa essa diferença?

Oniquito

Pegue o oniquito
receba a paguilha,
em torno do Tietê.

Paranzela revelará aos poucos
no horizonte, o remorso da piara,
remuito seral aguçado,
pelo paladar da sericaia

D'onde está o talambor?
Camuflado pelo ultor venéfico?
O vítrice encontra-se na lama.

Desde que não tenha você

Desde que não tenha você,
Sinto-me capaz de enganar?
Talvez...

Capaz de amar, eu?
Sem o colorido?
Sem o sentido?
Sem as joias?
E os encantos?

Capaz de amá-la, eu?
Sem os esquemas?
Sem as esperanças?
Sem os sonhos?
Nem as expectativas?

Desde que não tenha você:
- Ofereço-lhe o nada!

**escrito em referência a música "Since I Don't have you"*

Guerras vãs

Não há o tempo:
-Há discórdia!
Conflitos: de interesses;
Discussões: barbárie...

A fome não flagela:
-O sonho te condena!
A liberdade te aprisiona:
-O tempo? Perdoa...

Tuas chagas rememoradas,
Tua sina de perdedor,
Vis feridas,
Rasgam-lhe a hipoderme;
Mesclam alívio e dor!

No dia que o mundo virar mundo,
O tempo virar tempo,
O amor: amor...
-Enfim a paz!

Não haverá como dizer,
neste dia que o tempo,
é causa de tua vã guerra!

KAWNEIOU

Nada mais exato que o absurdo!
Vãos esforços realizados pelos homens,
significado niilista do sentido:
Fracassaram finalmente?

Por teu ceticismo,
e princípios da existência,
nada chega ao fim:
-Afinal, a quem interessa tal desfecho?

Uma vaca sabe seu propósito:
-Servir com tua vida,
os famintos!

Inconstante

Leve,
Levante,
Inconstante!

Leve,
como a pluma,
na bruma,
Inconstante!

Leve,
teu pensamento,
Orpheu,
porém inconstante!

Leve como a pluma,
inconstante como a bruma!

Sorte ou azar?

Cheiro de flores,
primeiros passos de uma criança,
inodora paixão,
Leve, suave e triste...

Tudo pode acontecer
se tua alma for imensa:
De ódio, rancor,
esperança ou amor...

Espera-te o rolar dos dados;
Move-te para mudar as peças do jogo.

Trogloditas intelectuais

Ó, predestinados da missão sagrada,
profetas natimortos semânticos,
carregadores da enfadonha lei histórica!

Ó, Deus, esta falsa consciência,
que clareia a visão dos cegos,
e cega os profetas.

A verdade burguesa que
legitimada pelos intelectuais,
se opõe a verdade, extinta!

Uma filosofia de misérias,
dissimuladas cinicamente,
o esotérico saber do nada.

Nada mais insano
que buscar o conhecimento!

Poetas e porcos

Escrever é como atirar uma pedra na imensidão
que divaga!
Perdendo o tempo discutindo temas importunos...
- Infiéis, cegos!
- Inúteis, intelectuais!

Certos, só os porcos:
chafurdam no que utilizam,
só param quando a fome saciam!

Enquanto alguns esperam D'us,
outros chafurdam na lama...
Alguns filosofam,
ele, a vã filosofia!

E na imensidão desta ironia,
encontra-se, solitário, o poeta...

Nada

Não existe nada
mais vazio que:
-Nada!
E ainda que
nada pudesse convencer-te,
tudo seria possível perceber
no meio de tanto:
-Nada!
De que lado estamos?

Novamente

Teus olhos,
minha querida,
não vão enganar-me!

Teu último suspiro,
são palavras inatingíveis,
Tudo retorna,
em um déjà vu eterno.

Podes criar novas ciladas?
És tão incrédula,
Pensa que me conhece,
Engana-te!

No fim, tudo já ficou para trás...
E algum tempo depois,
retornará!

Utopias ideais

Mentira,
o mais belo dos cantos,
ceifada em prantos,
percorrendo os pântanos,
em seu suspiro mundano...

Mentira,
uivando teus delírios,
carnificina e lírios,
esperança e carinho,
lutando e sorrindo...

Utopias ideais: mazelas intelectuais,
No silêncio, imaginativo de teus passos,
Um golpe: sem compasso, escandaloso contrato,
E tiram-no último brilho-retrato!

Balada na caixinha de música

Somente com o sorriso podes superar,
seus problemas, sem promessas a trilhar,
sem dizeres, teus encantos, conhecestes a minha dor,
que dorme, em algum lugar, de seu antigo admirador.

Aquela pessoa que tanto admirou em nada mudou,
amarrada ao tempo, no fim, nada de fato alterou,
na dupla fenda, em outro magnânimo olhar
por vezes pode iludir, revelar ou enganar!

Várias facetas do mesmo objeto,
tateadas com o tempo, no âmago do arpoador,
no fundo chegaria nas profundas águas do mar.

Abaixe a cabeça e soluce o que se viveu,
guardando por nenhum instante,
pensando, em vão, o que se procedeu.

Brilhando, de olhar,
sorrindo, de beijar,
inocência nonsense,
sem nunca simular!

Contemplando o som,
da caixinha de música,
a face molhada disfarçada,
na bruta alma, a tua dor.

Casa Gama

Tu já viu aquilo
que nunca mais vi
em nenhum, nenhum, nhum, lugar?
nhum,
hum,
hummmmmmm!

- Parece que você anda meio desnudo?
Ausente de motivos fúteis,
motivos que tornam,
motivo dinamizado pelo desdém!

Chuva

De repente,
tudo o que parecia certo
m
u
d
a.
Como a chuva que c
a
í
!
Tornando úmido,
o árido chão...
A
gota de
improviso
estremece
qualquer
solidão
!!
As
duas palmas
escondem a face
nenhuma palavra
emerge,
Então,
um
silêncio
ecoa,
oa...
Esperança atordoa,
Estar e amar,
só depende de como propiciar!
Que o orvalho faça,
o amor em você novamente brot.a.r.

Inacabado

O amor, posto que é fogo, não é eterno
vive-se, bucolicamente, de fragmentos
uma química dança, uma valsa-sentença
entre pesares e penhores, sementes contentes!

As flores apodrecem dentro do jarro
vivenciando retratos, esperando aparatos,
que lhe mostrará o quanto foi ingrato,
com pés descalços...

Ajoelhará, em pratos, recitando versos mancos,
acolhendo em trancos, o último remanso,
sem esperar, os cantos,
da reprise destes versos-santos!

Nascer-me!

Vou sair rumo a Pasárgada....

preciso pensar-me,

sentir-me

descobrir-me

afogar-me

velar-me!

Para só depois:

- nascer-me!

A vida como ela é

Portuário sentido, navego-me,
a mim mesmo, rumo ao niilismo
ofusca-me as bárbaras maneiras,
esquecendo, momentaneamente, a uno-vida.

Esperanto a la Monet?
Picasso, virá a ser?
Estrangulando cores,
sussurrando amores,
vivenciando dores,
Murmurando!
- Senhores...

Morta natureza, frígida certeza
sobre as poltronas e as mesas,
Contas, dinheiro:
-Pseudo-equilíbrio.

Numa Leitura, regada a Ipyoca,
do ócio ao ósculo,
da paz:
- Em paz!

Embriaguei-me,
com suas certezas...

Menina, cenoura e rabanetes

Aquele dia, dia aquele,
meu estômago ronronava...
provei todos os rabanetes
já não haviam sabonetes!

A chuva, bruma, gélida e fria,
tecia desenhos no vidro espelhado,
ruivo tecido ensolarado.
Na metade da mesma canção,
trêmulas as mãos,
cintilantes e vermelhas.

Retinas frente a frente,
amalgamada cerne que toquei por segundos,
precisava dizer: - Bem, tenho que ir...

Puro desfecho, as tais cenouras brilhantes,
coelhos flutuantes que ronronavam no baço.
quando vi aqueles deliciosos rabanetes.

Toquei-a, antes, retoquei-a,
depois, na terceira vez,
ela negou-me....

Na sexta parte, da prova dos noves,
Percebeu, a menina, que coração, lúcido!
Por Teseu, já era tarde!
Tarde, era, quando percebeu,
por Teseu, lúcido coração!
Da memética: - Traga-me, o enlatado!

O meme que pode te fazer,
sentir doces embrulhos estomacais,
beijei a sua mão, como se fosse a última,
abri, olhei, afrouxei e percebi:

- Este louco amor de moço, selou seu fim, ali!

NEOQAV

Na despedida, a última palavra:
- Se encontramos, outras vezes,
Mas, aqui é dado: um "The End".

Na calma de um final de dia,
estaremos pensando, entrelaçados,
(de alguma maneira)
Em tudo o que disse,
nosso eterno olhar:

Acordar.
Levantar..
Recomeçar...
Pensar....
Adiar.....

Não há como
Esquecer
O
Quanto
Adorei
Você!

.

A menina que gosta de bala de banana

Uma menina, bela moçoila, ruiva,
que gosta de bala de banana e chocolate,
doces e licorosos, remédios que elucidam
tua ansiedade, enquanto ela retrata:

A
c
h
u
v
a cai!

Levando os papéis que antes envolviam a

B
A
L
A

Sonhos abandonados, residuais,
sempre esbarram em algum lugar
sempre ficam despercebidos,
onde?

.

A ela

A ela, meu encanto
eu sei, proibido amor,
talvez, nem exista!

Fruto da inércia de minhas flácidas madeixas
Aquele ruivo sorriso, sereno e tranqüilo...

Faz-me reviver ruivo sorriso,
leve-me contigo para o mesmo caminho
além mar, ruivo sorriso, espero em prantos,
seus abraços mansos, amor indiscreto, secreto e
semântico.

Constituintes

Corruptos!
Raptores da cor da bandeira,
dos quilombos e das sobrancelhas...

O verde: esperança, que carranca,
nos olhos de miseráveis: crianças,
documentos pastéis e discursos fiéis!

Colarinhos brancos, abarrotados
pedidos miseráveis e mancos,
amontoados canarinhos,
que neste país se avizinham
voam pelo verde-esperança,
verde, lavagem estomacal,
e de vingança!

Fuçam a lama,
alimentam a alma humana
com a desfaçatez cínica
desta chacina mundana....

Tamoios paulistas

Ourives perenes, traga-me a impala,
a adaga viril, a condessa sútil
os diamantes encravados na alma cigana.

Ao cigarro e o copo de uísque,
no conforto do que me disse:
- Uma mente insana, porém cansada.

Desejos vidrados na televisão:
- Ao motim!
- Ao butim...
Tamoios paulistas circenses artistas

Etruscas Buscas

Todo caminho é certo, seu destino, sua busca.
É inevitável, mas é hora de partir,
se jogar na proa da incerteza,
e enfrentar a tempestade até o fim.

D'onde serei levado?
Não há mago capaz de prever,
que as mágoas fiquem sob a água.
Deste mar de pensamentos,
a noite e as estrelas me guiarão,
com as mãos sobre o rosto.

Já não podem esconder as lembranças,
bruxas,
bruscas,
etruscas,
o que me resta?

A proa,
e o remo.
é hora de enfrentar esses medos...

Soneto da vontade dele

De repente do contínuo pranto, o verdadeiro riso
Da espuma raivosa, silenciosa e branca como a bruma
As bocas amantes e adversárias se uniram sem farroma
Do espanto as mãos espalmadas, sem nenhum sobreaviso.

Do vento, de repente, fugaz calmaria, desfriso.
Última chama que dos olhos se esquivava e escarruma
Se refez, o pressentimento afogado, ressurgiu com soruma
Do drama pairou o imóvel momento com odor elicriso.

De repente, não mais que de repente
Da tristeza, se fez o ardor amante
E de contente, quem se fazia sozinho.

De perto, fez-se amigo, o que era distante
De uma vida aventureira ordeira e errante,
De repente, não mais que de repente, um nózinho.

Só

Só! Depois da chuva,
somente...
repúdio retratos,
trapo por trapo,
escondendo de todos,
o antigo retrato.

Você sorria?
Dia-a dia
Todos os dias, que não foram dias
Caminhávamos...
Mas, para qual local?

Andarilho, de um canto só,
viverás a vida pra cantarolar,
as mesmas lembranças
que habitam aquela velha rede.

Olhos lavados de lágrimas,
orvalhem um peito que já fora seu!
Ordenhe o presente, cala o futuro!

Jaz

Fecho a porta, sigo o corredor.
Em outra direção, como não perceber,
aqueles velhos quadros empoeirados?

Esqueço a antiga poltrona?
costumávamos ouvir velhas histórias ali...
doce e amarga lembrança!

O relógio, conta um minuto a menos,
mas não posso voltar no tempo
sinto, ouço e escuto tuas palavras.

Ainda lembro do timbre de tua voz,
ecoando sobre os pisos úmidos,
pedindo-me atenção,
- um pouco mais de atenção!

O que eu deveria?
No final daquela tarde, a pressa,
e não estava sentado ao seu lado...
e ter contado a você tudo o que sentia,

dia-a-dia, fui me distanciando,
esquecendo, todos os momentos.

Nos primeiros dias,
Tu foi embora,
chorei naquele dia!

Alardeei a todos quanto te odiava,
queria atenção, sentir seu abraço,
o afago e a atenção.

Carregarei o peso, até o fim,
mas lembrarei do som dos seus passos,
do teu riso, do teu jeito de falar.

Eu sei, você sempre amou-me.
Saudades.

Na estante

Costumava estar fora de si,
não é assim como todos se sentem em relação a vida,
seguir a correnteza e contar com a sorte?

Mas, já não há tempo!
Ao levar as coisas desta maneira,
percebi, naquela noite,
o quanto fui tolo.

Preso a correntes, que aprisionam a todos,
não tenho medo da morte,
mas existe alguma meta, neste momento?

Posso pegar sua mão?
Quando você precisar,
estarei em sua estante, na reserva.

Posso ouvir suas mentiras e te confortar...
também menti por um longo tempo,
mas este tempo ficou para trás.

Leve um dia atrás do outro,
e não conte com a sorte,
estamos todos no mesmo barco.
Racistas, religiosos, néscios, todos!

Dopamina

Na exatidão de tuas mágoas,
o lento orvalho esclarece,
Para te deixar alegre, esmaece...

Na noite que já desce,
o que será dessas pelejas?
Teu olhar triunfante junto ao meu...

A mesma ilusão,
seremos iguais, a todos,
nada além da natureza animal...

Do instinto, que sinto,
feniletilamina, dopamina,
endorfina, e ocitocina.

Para que dizer "eu te amo"?

O fingir do amor

Vivo nos planaltos imundos,
entre a moralidade e a racionalidade,
porém, teu olhar me amolece, desconcentra...

Um simples ateu, um pagão, um cristão,
vivendo do pranto, sem encanto,
e nas vestes de um novo santo.

Adentro minh'alma.
sem poder, jamais,
causar pena a alma!

Iscariotes

O tempo?

Não existe,
é fetiche, é traição:
Iscariotes!

Levo-te,
levando, daqui um ano,
Talvez para eternidade.

O tempo?
Não existe,
é fetiche, é traição:
Afrodite!

Leve-me carbono,
lavo-me nas encarnadas chagas,
que calam e consentem,
volto outro dia,
talvez daqui um mês.

Evangelho poético

Treme sobre o pó do Evangelho,
a hora marcada, a hora final.
Adeus conservadores anarquistas,
adeptos das ideologias banais.

A metamorfose será a tua última chance,
Vermes, falsos clones dos grandes mestres!

Vinicius, Oswald, Bandeira, Drummond?
Camões, muda-te para sobreviver nesse inferno terrestre!

Esclerótica Côncava

Calma, aprenda a sentir os anis anestésicos,
licorosos e espumantes pensamentos, Orpheu!
Nega-te! Sua ilusória existência!

Fingirás, então, a dialética demagógica, além do Olimpo,
remarás em remansos, morrerá no Aqueronte, em prantos!
E ficará, pasmo ao cantar a Caronte:

- A inédita reprise desse canto!

Democracia da Maria

Já que não há mais esperanças na democracia,
Morrem flagelos,
Doentes,
descontentes,
Josés e Marias!
Sucumbem em filas,
aguardando assinaturas,
cerimoniais,
milhões em ataduras!

Já que há não mais o futuro:
Inácio,
Maria,
Marta,
papagaios,
Quartas-marias,
aos queimados,
robustos de ódio,
a cultura-mania,
até quando ouviremos
promessas?

Meças?
Mecas?
Masmorras,
para uma morte tranquila?

Irá chegar, há-de chegar!
Aquele dia que nos contos nunca chega...
Massa-manobra,
de encardidos,
farrapos com tickets e vales cestas!

Bondade, comida e emprego
Até tu Maria?

Esquizofrenia

Esquizofrenia pode desenvolver-se gradualmente,

tão lentamente que nem o paciente percebe...

Repentinamente, mudanças extraordinárias,

dificuldade de concentração...

O quê?

- Fugiu-me o assunto...

- Volte, agora!

- Faço-me refém do presente! O que deixaria-me preso eternamente, assunto?

Esquizofrenia desenvolve-se gradualmente, lentamente...

Repentinamente:

- Que ano, doutor?

Como vai você?

Como vai você?
Eu preciso saber!
- Como vai você?

Como...
Você vai?
Como?
Vai?
Você?

(silêncio)

ZzZzZzZzZzZzZzZz...

Àquela pedra

Mesmo que a mesmice repita refletindo o reflexo,
das verdadeiras verdades que sobem para cima,
daquele muro cercado pelas suas imundas lamentações.

Estarei sentado e aquela pedra lamuriei:
-Que no meio do caminho a pedra estava,
parada e refletia sobre o dia que não era dia...
A noite que não temia a chegada do sol,
filosofei, por receio, àquela pedra.

Lápide do finito

De mãos dadas, eu espero o fim.
Fim que será um novo começo.
Começo de um novo fim!

Brumas e espantos á toa.
você constrói seu infinito.
No dia, mais que dia,
que num instante, luz que vicia,
se transformará em prantos e levará seus encantos.

Você não sabe,
cantarás as reprises destes cantos.
Vivendo sem saber,
que tudo, afinal,
é para sempre.

Veneno à conta gotas

A
cada
gole deste
veneno vamos
vivendo, escondendo
as noites frias
e os dias cinzas.
No fim de tarde
laranja
Olhei para o céu:
suspirei, pensei,errei...
Só tinha uma escolha,
o futuro

Auto-reflexo

Eu vi tudo o que podia!
Até vomitar o que não podia...
Podia-me esperar?
Só o tempo, anacrônico!

Em seu rosto existem lembranças,
marcas de todos os passos,
em meio às imensas ruas,
na imensidão da eternidade!

Bolsa Família

Bolsa família?
Que bolsa?
A de valores!

Burguês que nunca será proletariado,
operário que nunca será burguês...

Ao repetir estes encantos,
a media classe, mediocridade!
A bolsa e os polpudos afagos empresariais.

Tu e eles.
Água e óleo.
Todos mamam na pátria mãe!

Teleológico

No discurso, curso!
Sem rumo...

Na esperança, vingança
Sem rumo...

Não se engana,
não se engana!

Teleológico!
Não distinguem?
As causas material e τέλος?

τέλος!

Na ciranda deste encantos,
incutida estão tais enganos.

-Bem em si mesmo é o fim a que todo ser aspira!

Ἀριστοτέλης

Queixas geram reclamações

Queixas geram reclamações
Problemas que geram incompreensão
Incompreensão de ausência de vocabulário
Tentou sem êxito, por mil vezes, o escapulário

Reclamações de queixas que a geram,
Problemas que reclamam a solidão
Vocábulo cru e inacabado
Algum dia, porém, enamorado

O cântico dos cânticos
O ícones dos ícones:
Queixas geram reclamações...

Agitam, em algum dia idêntico,
O problema lógico-semântico
das queixas que geram reclamação

Retórica analgésica

A cada pulso, um insulto
A cada insulto, um impulso
A cada estrilar, um palpitar
A cada palpitar, um pinturilar

É assim, a vida, a cada segundo
É assim, a cada segundo, a vida
No pranto, o encanto
No encanto, o pranto

Anestésicos sabores licorosos
Licorosos sabores anestésicos
Das valsas-sentenças alfanuméricas...

Licorosos sedativos e primorosos,
primorosos e pressurosos anestésicos
Das valsas presas em nossa retórica

Evocação lírica

A métrica é fática e lesada
À prática transcende-a, ópio!
Sofrer-te, a cada dia, um hipópio,
moribundo rumo, mente brocada!

Em mais um dia, uma singela cantata,
conta-se as rimas, como um larápio?
Conta-me segredos que ocupam mais espaço!
Horas passadas sem nenhuma serenata...

Ó, Orpheu! Se não foste eu?
Calíope, Erato, musa Polímia...
Apesar de tudo, se não foste, eu?

Ó,leva-me Tália aos Pirineus?
Regras e elementos, holonímia
No avançar da hora, benzadeus!

Na fresta do impossível

Você quer e sabe,
Você acha que não deve, não sabe?
Escorre pelas tuas mãos o tempo da vida.

Não sabes,
O compromisso foi mantido só por você?
Borboletas no teu estômago,
Você escolhe o certo?

Para aquele momento,
e todos os outros?
É um jogo de sorte ou azar.

Loiros cabelos,
Deixai o imprevisto determinar a rotina.
Loiros cabelos sinta o afago...
Loiros cabelos deixe-me entrar?

Fecharei a porta quando sair!

Res Pública

Bem,
propriedade,
cousa,
assunto,
negócio!
res
uo
oãn?
debaixo
estava
pensando:
- onde está sua República, Platão?
iof
missa
euq
ietlov
oa
odanier
realidade, realismo, realista,
realização,
realizador, realizável, realizar; reificação,
reificado, reificador, reificar,
retificável, reivindicação,

.

Radial Convexa

Radial convexa
Esquerda prioritária,
radical ou sanguinária?

Radial convexa
Esperanto de luxúria
Luria, sangria anexa...

Radial convexa
Pronto, tanto que
Levaria ad eternum

Radial convexa
Ad infinitum!

Soneto do covarde

Embriagado deixo para uma próxima vez, talvez...
Aquilo que negou e deixou, pelas suas mãos, escapar.
Embriagado, deixo mais esta vida que se apontou, às seis;
Com toque aprumado e sútil nesta cútis cintilar...

Vou-me embora e volto quem sabe num sonho;
Vou-me embora sem troco, com estilhaços de sentimento
Deixe-me caminhar na direção como um burro enfadonho
Deixe-me, não sentirás, tomara Deus, este toque bisonho

É hora de partir, sem lembrar o que te fiz
É hora de sentir saudades, com gosto de anis
Já é tarde para esperar sua vontade por um triz

Talvez um dia recorde e sinta o tátil-emotivo
Suplique para vivenciar este sentimento nocivo
Naquele dia, lembrará:
das lágrimas que em seus olhos transbordaram

Sobre a Humanidade

Não consegue provar nem sua própria existência
Como queres, divina, explicar o iminente caos?
Como queres, como cínica, explicar a naos?
Talvez seja esta a nossa verdadeira prepotência

Não prova, o que consegue, a existência própria?
O caos explica, cinicamente, como queres?
O naos explica, divinamente, como queres?
Talvez seja esta a nossa verdadeira inadimplência...

Repita este canto: não tem explicação...
Repita este encanto: não tem comparação...
És o que és, o ser-eterno sem solidão.

Repita o mantra: não tem imaginação...
Repita o tantra: não tem solidão...
Viva a sua humanidade sem nenhuma explicação!

Fragmentos do silêncio

Ruídos que no rompante quebram o silêncio
Mas não revelam a gritaria de bilhões de pensamentos
Memórias que, na paúra, desfilam em diversos fragmentos
Insensíveis toques frios devorados por algum corrodêncio

Talvez, na ansiedade, estivéssemos em Bizâncio?
Oras, sabemos que estão cintilantes todos os argumentos
Pairam, porém, sobre a barreira que nunca virará sentimentos
Tais delírios de um inverno num longínquo estirâncio

Arquitetou, talvez, teus sólidos argumentos.
Planejou, sem êxito, a posse de tais proventos
Escutá-lo-ei as reclamações e a valsa-sentença

Deixarás o caminho seguir sem que saia isento?
Daqui uns anos, talvez oitocentos
Receberá com encanto tais memórias a contento!

Indecisão

Não sei

Sei!

Não sei...

Sei!

Vá...

Volte!

Não...

Sei!

Sim

Da Despedida

Escreva, no fundo da epiderme, o fim deste encanto!
Transcreva, no fundo da hipoderme: não há santo...
Prenda em sua memória, se capaz for, com adraganto,
o fim, ignore, leve este último piricanto!

Como um canto, a reprise deste encanto.
Com espanto, percebes que não há encanto?
Não há, entre os mortais, nenhum santo?
Princípios, jogue todos em algum canto!

O fim daquilo que tanto você negou...
O fim disposto do que tanto insuflou,
Devolvo-te sua atribulada rotina...

Não existe, percebes, maneira de voltar
Não existe, ligação, capaz de resgatar
Guarde esta canção, para algum dia arrebatar!

Soneto a Prisco

Ela se foi sem se importar
Exclui, sem receio, toda a falação!
E toda aquela presente falta de ação
Ela se foi e não vai voltar!

Deletando a alegoria ou o desabrochar
Excluindo toda aquela mansidão
Sem receio, dolo ou resquício de paixão
Ela se foi e não vai voltar!

Um brinquedo, sem segredo?
Um segredo, sem enredo...
Ela se foi e não voltará!

Esmeraldino, vai-se cedo?
Não queiras saber o fim do enredo?
Ela se foi sem se importar...

Desagoneio

Percebes a inigualável quimera,
quem entre os moucos se assevera?
Chama que destrói e te espera
na leitosa bruma que prouvera

Esperá-lo-ás como num devaneio?
Esperá-lo-ia! Num desagoneio
Na brisa matutina permeio
Essa quimera por quem esperneio...

Onde estás a camurça-cetim?
Caminhou a trilha, a Flor-de-cetim
Esquecê-lo-ás as sílabas deste folhetim

Onde estás a senhora-dama, perdida num festim?
Dançaste com desconhecido a valsa pantim?
Esquecê-lo-ei a melodia doce do flautim!

Trova dançante

A cada riso, um pranto
A cada pranto, espanto!
O controle é incontrolável
Sua posse, insaciável!

A cada sílaba, um canto
A cada canto, quantos?
Azuis que invadem a rotina
Como uma ave de rapina, serena e tranquila...

A tranquilidade logo foi embora
A musa-dançante sumiu da trova
E a dor de quem espera, a contraprova

Teve que sair, mundo afora
Ao louco as rimas e trova
Da inservível que lhe adora.

Memórias

Permita, quem sabe, a memória
Com olhar que penetra e me afoita
Permita, quem sabe, se esconda
Debaixo de importunas sombras.

Que as palavras descartadas e arredias;
As sílabas aprumadas sobre o esteio fizeram
Despertar, sem preocupação, tal redondilha
Que a flavus; aos poucos lhe entrego

Posto que é chama, que arda.
Posto que está ferida, que doa.
Permita-me, Deus, que morra

Sem antes tocá-la, fúlvia
Saciando a intacta sede
Adentrando-a, você cede?

Comédia-pastelão

Ela sorriu e fingiu esquecer.
Ela mentiu fingindo saber!
O que quer os olhos cintilantes?
Acusar-me de litigante?

Ela sorriu com saber
Ela exprimiu, por querer
Quer-me os olhos revoltantes?
O que acusa a diletante?

É uma trova certeira...
Uma cigarra sorrateira...
Um rato preso numa ratoeira...

Um instante de alucinação...
Um comediante, em ação...
Um drama, comédia-pastelão!

Cântico do Infortúnio

Viver é a angústia de quem espera
A esperança de quem prospera
Infortúnio de quem nunca obtempera
Um cântico perene, além da esperada véspera...

Se por acaso, por um lapso temporal
A vida que pulsa, com sol ou temporal
As lágrimas de alegria ou tristeza
Corroboram para a certa incerteza

Se anda, cabisbaixo, sem sapatos
Se corre, confiante, entre a nêveda-dos-gatos
Algum dia, por certeza, o fio arrebentou

Colecionou tristezas, certezas e artefatos?
Chorar-te-ás nos cantos, tantos comodatos?
Do apocalipse, próprio?
Almejando o ósculo?

Glossário

1. Adraganto: Variação de adraganta. Goma que se extrai do tragacanto e serve como cola na preparação dos tecidos, dos papéis, do couro, também chamada goma-adraganto ou adraganta. (É utilizada em produtos farmacêuticos e na cerâmica.).

2. Aqueronte: O logo após sua morte, a alma era levada de barco pelo Caronte, deixando no Rio Aqueronte todos os seus sonhos, desejos e deveres que não foram realizados em vida. O rio mitológico Aqueronte localiza-se no Épiro, região do noroeste da Grécia.

3. Bíbulos: Que absorve líquido; passento.

4. Bretão: relativo à Bretanha (antiga ou moderna), na França, ou o que é seu natural ou habitante.

5. Calíope: musa da poesia épica. Filha de Zeus e Mnemósine (memória), é uma das noves musas, que têm por missão a inspiração dos seres humanos para que estes se tornem criativos na arte e na ciência.

6. Caronte: Na mitologia grega, Caronte (em grego: Χάρων , transl.: Chárōn) é o barqueiro de Hades, que carrega as almas dos recém-mortos sobre as águas do rio Estige e Aqueronte, que dividiam o mundo dos vivos do mundo dos mortos.

7. Dendroclasta: Que ou aquele que maltrata as árvores, que as derruba.

8. Desagoneio: Significa uma pessoa que não possui agonia. Ou seja uma pessoa agoniada está com agonia, uma pessoa desagoniada está com desagonia.

9. Desfrizo: É um líquido alisante que tem a função de alisar ou desfrisar o cabelo

10. Dopamina: A dopamina é um neurotransmissor monoaminérgico, da família das catecolaminas e das feniletilaminas que desempenha vários papéis importantes no cérebro e no corpo.

11. Empambada: é o feminino de empambado. O mesmo que: adoentada, anêmica, pálida.

12. Endorfina: A endorfina é um hormônio, assim como a noradrenalina, a acetilcolina e a dopamina, e é uma substância química utilizada pelos neurônios na comunicação do sistema nervoso. É uma hormona, uma substância química que, transportada pelo sangue, faz comunicação com outras células, este é o hormônio do bem estar.

13. Erato: Erato (em grego antigo: Ἐρατώ, transl.: Eratō; "a Amável) foi uma das musas da mitologia grega. Era filha de Zeus e Mnemosine. Assim como as outras oito musas, Erato era uma virgem. Erato era assim chamada pois faz os que são instruídos por ela serem desejados e dignos de serem amados.

14. Ergasiotiquerologia: Parte da medicina legal que estuda os riscos, doenças ou acidentes que alguém está sujeito em seu ambiente de trabalho; infortunística.

15. Espumante Brut: um tipo de vinho que tem nível significativo de dióxido de carbono, fazendo-o borbulhar quando servido.

16. Farruma: Bravata, gabolice, fanfarronada.

17. Festim: reunião animada entre pessoas; folguedo, festa.

18. Filáucia: Amor-próprio, egoísmo.

19. Flautim: é um instrumento musical da família da flauta, soando uma oitava acima da flauta soprano, da qual possui igual digitação.

20. Flavus: amarelo.

21. Fúlvia: foi uma Matrona romana conhecida pelas actividades conspiratórias e ambição política, invulgares numa época em que as mulheres viviam em casa, segundo os princípios de virtude e modéstia romana.

22. Genuflexório: pequena estante de madeira na parte de baixo de um assento dobrável em uma igreja, instalado para fornecer um grau de conforto para uma pessoa que se mantém durante longos períodos de oração.

23. Gipsófila: também chamadas de cravo-do-amor, são flores utilizadas em diversos arranjos e até mesmo na decoração de festas.

23. Habena: chicote, açoite.

24. Hagiômaco: Aquele que combate o culto e nega a existência dos santos.

25. Hagioterapia: Cura milagrosa, graças à intervenção dos santos.

26. Halurgia: arte ou técnica de preparar sais.

27. Heterogenia: alternância de gerações.

28. Hirto: sem flexibilidade; teso, retesado, duro.

29. Jaminauás: também chamados Jaminawa, laminauá ou Yaminawá, são um grupo indígena que habita o estado brasileiro do Acre.

30. Jean e Philibert: um tipo de vinho branco espumante através da fermentação da uva (uma espécie ou várias).

31. Jenipapo: fruto do jenipapeiro, uma árvore que chega a vinte metros de altura e é da família Rubiaceae, a mesma do café.

32. Les Gobelin: é uma histórica fábrica de tapeçaria em Paris, França. Está localizado na 42 avenue des Gobelins, perto da estação de metrô Les Gobelins no 13.º arrondissement de Paris.

33. Madefaciar: ato de tornar úmido.

34. Nice: legal.

34. Nubígeno: Que provém das nuvens.

35. Núcio: Estranho

36. Ocitocina: Ocitocina ou oxitocinona é um hormônio produzido pelo hipotálamo e armazenado na p90-hipófise posterior (Neurohipófise) tendo como função: promover as contrações musculares uterinas; reduzir o sangramento durante o parto; estimular a libertação do leite materno; desenvolver apego e empatia entre pessoas.

37. Oniquito: Diz-se de uma espécie de alabastro que contém ônix.

38. Oomancia: Arte de adivinhar, que se praticava por meio de ovos

39. Paguilha: Variação de pagante.

40. Pantim: lamparina de barro ou de bronze.

41. Piara: Grupo de animais do mesmo tamanho e da mesma idade.

42. Piricanto: Planta que tem espinhos cor de fogo, sarça-ardente.

43. Pirineus: A cordilheira que separa a Península Ibérica do restante da Europa, estendendo-se por mais de 430 quilômetros entre a Espanha e a França.

44. Polímia: foi uma das nove musas da mitologia grega, as filhas de Zeus e Mnemósine, filha de Oceano e Tétis. Era a musa da poesia sagrada e tinha um ar pensativo. Também era considerada a musa da geometria, meditação e agricultura.

45. Ponxirão: muxirão.

46. Quérquere: febre com calafrio.

47. Retambana: repreensão acrimoniosa; descompostura.

48. Sandeu: que diz ou pratica tolices; que é tolo, pateta.

49. Sesquipedalofobia: medo de palavras longas.

50. Siricaia: doce tipicamente da região portuguesa do Alentejo, provavelmente de origem indiana.

51. Talambor: fechadura dotada de segredo e que requer chave especial para mover a lingueta.

52. Tália: era uma das nove musas da mitologia grega, filhas de Zeus e Mnemósine, filha de Oceano e Tétis. Era a musa da comédia.

53. Tambo: casa de campo.

54. Tamoios: índios tupinambás que habitavam a Guanabara até o século XVI e cujo território se estendia desde o litoral leste do Rio de Janeiro (Região dos Lagos) até o litoral norte do atual estado de São Paulo (Bertioga).

55. *Tramposeio*: intrometer-se nos negócios ou vida alheios.

56. *Tranar*: mesmo que atravessar, cruzar.

57. *Treboçu*: homem ou animal corpulento.

58. *Truz*: golpe, pancada.

59. *Urente*: que queima, arde; irritante, urticante.

60. *Venéfico*: que possui ou gera veneno; venenoso, venenífero.

61. *Vodúnsi*: Filho de Vodun.

62. *Zaragata:* estado de desordem, de alvoroço; confusão, balbúrdia, zaragalhada.

63. *Zibawe*: é um país encravado no sul da África, entre os rios Zambeze e Limpopo.

64. *Ἀριστοτέλης:* Aristóteles.

65. *τέλος*: Telos, fim ou propósito, em um sentido bastante restrito usado por filósofos como Aristóteles.

Poemas originalmente publicados no site
www.poesiasnonsense.blogspot.com entre 1.998 e 2018

Printed by Books on Demand GmbH, Norderstedt / Germany